Lernbiene®

Sybille Schreiber & Annika Koch

Themenheft DaZ – Meine Schule und ich

Einfache Übungen auf Wort-, Satz- & Textebene
mit Hörbeispielen – auch für Zuhause

AF723007

ÜBUNGSMATERIAL

DEUTSCH DaZ

Wir haben uns für die Schreibweise mit dem Sternchen entschieden, damit sich Frauen, Männer und alle Menschen, die sich anders bezeichnen, gleichermaßen angesprochen fühlen. Aus Gründen der besseren Lesbarkeit für die Schüler*innen verwenden wir in den Kopiervorlagen das generische Maskulinum. Bitte beachten Sie jedoch, dass wir in Fremdtexten anderer Rechtegeber*innen die Schreibweise der Originaltexte belassen mussten.

Autor*innen Sybille Schreiber und Annika Koch
Redaktion Lernbiene
Coverillustration tikka design, Pforzheim
Coverfoto Klassenraum © AdobeStock_115298623, Urheber*in: Fedoruk
Illustrationen Corina Beurenmeister
Satz Typographie & Computer, Krefeld
Druck und Bindung Druckerei Joh. Walch GmbH & Co. KG

ISBN 978-3-7468-**1198**-7
www.lernbiene.de

Inhalt

Der Band enthält **digitales Zusatzmaterial** zum **Download**. Die Benutzerhinweise zum Download des Zusatzmaterials und den entsprechenden **Zusatzcode** finden Sie am Ende des Buches.

Themenheft DaZ – Meine Schule und ich

von Sybille Schreiber & Annika Koch

mit Illustrationen von Corina Beurenmeister

Die Förderung von Deutsch als Zweitsprache ist eine wichtige Aufgabe in der Schule, aber manchmal fehlt für eine zusätzliche Übungsgruppe leider die Zeit. Daher ist es gut, wenn die Kinder mit entsprechenden Arbeitsblättern eigenständig üben können.
Dieses Material ist so aufgebaut, dass die Lernenden sich mit den wichtigsten Wörtern des Themas auseinandersetzen können. Der Wortspeicher am Anfang stellt die Verbindung zwischen Bild und Wort her. Neben jedem Wort ist ein QR-Code, hinter dem eine Audiodatei steht. Diese enthält das vorgelesene Wort aus dem Wortspeicher. So wird der Wortschatz, der für die folgenden Aufgaben benötigt wird, vorgestellt.
Die folgenden Arbeitsblätter enthalten Übungen auf drei verschiedenen Ebenen. Das erste Arbeitsblatt bietet Übungen auf der Wortebene. Das zweite Arbeitsblatt auf der Satzebene und das dritte beinhaltet Aufgaben auf der Textebene. Die Kinder können während der Bearbeitung immer wieder zum Wortspeicher zurückkehren und sich das Wort erneut vorlesen lassen. So verbinden sich das geschriebene Wortbild und der Klang des Wortes, auch wenn die Kinder allein üben. Auf der letzten Seite sind die Arbeitsblätter nochmal verkleinert mit Lösungen abgebildet. Sie können die Lösungen vergrößert kopieren und an einer Lösungsstation aushängen, sodass die Schüler*innen ihre Aufgaben selbst kontrollieren können.
Das Material beinhaltet wiederkehrende Aufgabenformate und entsprechende Icons. Diese Verbildlichungen unterstützen das Verständnis der Aufgabe. Hier finden Sie eine Übersicht zu den verwendeten Icons.

Icon	Bedeutung
	Schreibe die passenden Wörter auf.
	Verbinde passend.
	Lies den Text. Umkreise im Bild.
	Lies den Text. Male die passenden Dinge in das Bild.

	Welches Wort passt? Kreuze an.
	Suche alle Wörter.
	Arbeite mit einem Partnerkind. Stellt euch gegenseitig Fragen.
	Lies den Text. Unterstreiche die passenden Wörter.

Als Abschluss können Sie ein Spiel mit den Kindern spielen. Ein Kind lässt über den QR-Code ein Wort vorlesen und die anderen Kinder müssen es auf ihrem Wortspeicher zeigen. Wer es als erstes findet, darf das nächste Wort vorlesen lassen. Wenn die Kinder die Wörter schon gut kennen, können Sie das Spiel erweitern, indem ein Satz mit dem Wort gebildet werden soll.

Hinweis zur Schrift

Das Material ist in einer Druckschrift für die Grundschule erstellt, damit die Kinder ein für sie gut erkennbares und eindeutiges Schriftbild vorfinden. Die verwendete Schriftart heißt „Auer Schulbuch“. Die Schrift finden Sie zum Download im Zusatzmaterial. Sie wird Ihnen in den Worddateien nur dann angezeigt, wenn Sie sie in Ihrem Schriftenordner installiert haben. Ansonsten werden Ihnen die Übungen in Word automatisch in Ihrer eingestellten Standardschrift angezeigt. Natürlich haben Sie jederzeit die Möglichkeit, die Worddateien anzupassen. Da sie editierbar sind, können Sie das Material nach Belieben in Ihre bevorzugte Schriftart umändern.

Wir wünschen Ihnen viel Freude und Erfolg beim Einsatz des Materials!

Wortspeicher – Im Klassenzimmer (1)

das Klassenzimmer

der Stuhl

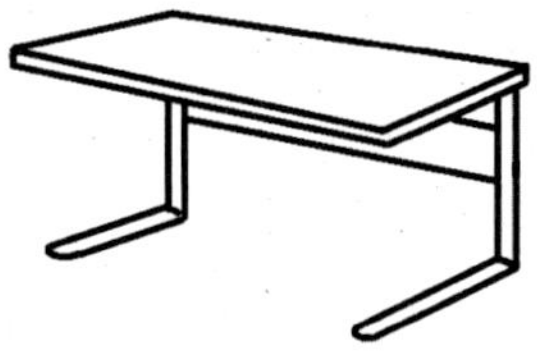

der Tisch

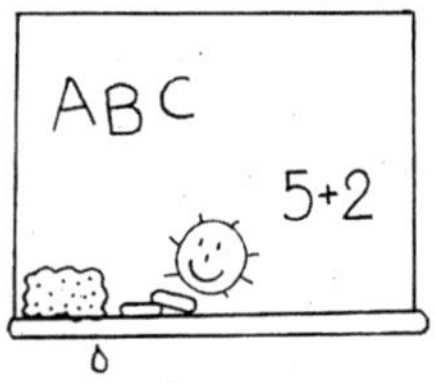

die Tafel

der Schulranzen

der Schwamm

die Kreide

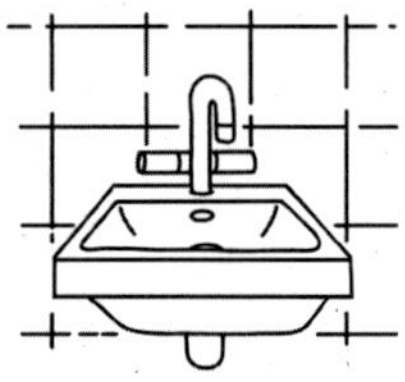

das Waschbecken

die interaktive Tafel

Wortspeicher – Im Klassenzimmer (2)

Das ist im Klassenzimmer.

der Schüler

die Schülerin

die Lehrerin

der Lehrer

der Computer

das Regal

die Pinnwand

der Mülleimer

Wortebene: Im Klassenzimmer

1. Verbinde passend.

- die Tafel
- der Lehrer
- der Schwamm
- der Computer
- die Schülerin
- der Schulranzen

- der Mülleimer
- das Regal
- der Schüler
- die Kreide
- der Tisch
- der Stuhl

2. Suche alle Wörter.

COMPUTER, SCHWAMM, SCHULRANZEN, REGAL,
STUHL, KREIDE, LEHRER, TISCH

W	S	C	U	O	V	F	G	B	N	I	O	W	S	G	A	Z	L	F	M
Z	G	O	O	U	H	H	T	I	S	C	H	K	F	K	E	J	E	T	S
F	L	M	V	E	B	B	Z	B	M	C	X	F	T	R	W	O	H	P	C
G	I	P	W	M	S	C	H	U	L	R	A	N	Z	E	N	B	R	D	H
B	J	U	A	F	T	X	D	G	U	E	D	S	G	I	H	O	E	U	W
N	E	T	T	Z	U	R	Y	E	O	G	V	Y	F	D	J	P	R	W	A
O	B	E	S	H	H	D	G	H	P	A	L	K	J	E	Z	R	B	E	M
D	W	R	Y	G	L	X	C	L	B	L	W	A	G	N	I	D	N	L	M

Satzebene: Im Klassenzimmer

1. Schreibe die passenden Wörter auf.

Die  ________________ schreibt an die  ____________.
Der  ________________ steht unter dem 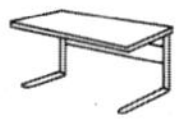 ____________.
Der  ________________ sitzt auf dem  ____________.
Der  ________________ steht neben dem 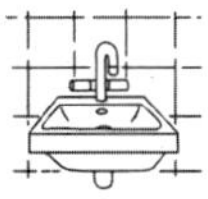 ____________.

2. Welches Wort passt? Kreuze an.

Der Schwamm ist nass.

richtig ☐ falsch ☐

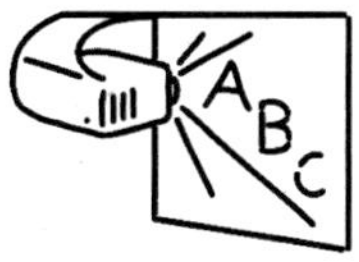

Die interaktive Tafel ist an.

richtig ☐ falsch ☐

Die Schultasche steht unter dem Stuhl.

richtig ☐ falsch ☐

Die Schülerin schreibt an die Tafel.

richtig ☐ falsch ☐

Der Mülleimer ist voll.

richtig ☐ falsch ☐

Das Buch steht im Regal.

richtig ☐ falsch ☐

Textebene: Im Klassenzimmer

1. Lies den Text. Male die passenden Dinge in das Bild.

Das ist das Klassenzimmer. Vor der Tür steht der Lehrer. Im Regal liegt der Schwamm. Vor dem Regal steht der Mülleimer. Auf dem Tisch steht der Computer.

2. Lies den Text. Was ist seltsam? Umkreise im Bild.

Pia kommt in das Klassenzimmer. Sie sieht die Lehrerin. Die Lehrerin schreibt an die Tafel. Ein Affe hilft der Lehrerin.
Eine Schülerin geht zum Mülleimer. Der Mülleimer steht neben dem Waschbecken. Vor dem Waschbecken steht ein Auto. Neben dem Auto sitzt ein Clown. Der Clown sitzt auf dem Stuhl.
Heute ist ein seltsamer Tag.

Lösungen: Im Klassenzimmer

Wortebene: Im Klassenzimmer

1. Verbinde passend.

die Tafel	der Mülleimer
der Lehrer	das Regal
der Schwamm	der Schüler
der Computer	die Kreide
die Schülerin	der Tisch
der Schulranzen	der Stuhl

2. Suche alle Wörter.

COMPUTER, SCHWAMM, SCHULRANZEN, REGAL, STUHL, KREIDE, LEHRER, TISCH

W	S	C	U	O	V	F	G	B	N	I	O	W	S	G	A	Z	L	F	M
Z	G	O	O	U	H	H	T	I	S	C	H	K	F	K	E	J	E	T	S
F	L	M	V	E	B	B	Z	B	M	C	X	F	T	R	W	O	H	P	C
G	I	P	W	M	S	C	H	U	L	R	A	N	Z	E	N	B	R	D	H
B	J	U	A	F	T	X	D	G	U	E	D	S	G	I	H	O	E	U	W
N	E	T	T	Z	U	R	Y	E	O	G	V	Y	F	D	J	P	R	W	A
O	B	E	S	H	H	D	G	H	P	A	L	K	J	E	Z	R	B	E	M
D	W	R	Y	G	L	X	C	L	B	L	W	A	G	N	I	D	N	L	M

Satzebene: Im Klassenzimmer

1. Schreibe die passenden Wörter auf.

Die Lehrerin schreibt an die Tafel.
Der Schulranzen steht unter dem Tisch.
Der Schüler sitzt auf dem Stuhl.
Der Mülleimer steht neben dem Waschbecken.

2. Welches Wort passt? Kreuze an.

Der Schwamm ist nass.

richtig ☒ falsch ☐

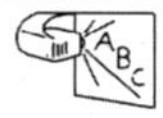

Die interaktive Tafel ist an.

richtig ☒ falsch ☐

Die Schultasche steht unter dem Stuhl.

richtig ☐ falsch ☒

Die Schülerin schreibt an die Tafel.

richtig ☒ falsch ☐

Der Mülleimer ist voll.

richtig ☒ falsch ☐

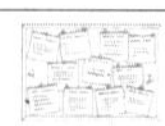

Das Buch steht im Regal.

richtig ☐ falsch ☒

Textebene: Im Klassenzimmer

1. Lies den Text. Male die passenden Dinge in das Bild.

Das ist das Klassenzimmer. Vor der Tür steht der Lehrer. Im Regal liegt der Schwamm. Vor dem Regal steht der Mülleimer. Auf dem Tisch steht der Computer.

2. Lies den Text. Was ist seltsam? Umkreise im Bild.

Pia kommt in das Klassenzimmer. Sie sieht die Lehrerin. Die Lehrerin schreibt an die Tafel. Ein Affe hilft der Lehrerin.
Eine Schülerin geht zum Mülleimer. Der Mülleimer steht neben dem Waschbecken. Vor dem Waschbecken steht ein Auto. Neben dem Auto sitzt ein Clown. Der Clown sitzt auf dem Stuhl.
Heute ist ein seltsamer Tag.

Wortspeicher – Das ist in meinem Schulranzen (1)

der Schulranzen

das Mathebuch

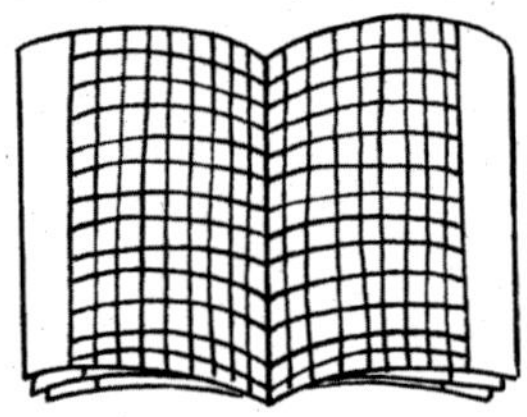

das Matheheft

die Brotdose

die Trinkflasche

das Federmäppchen

der Turnbeutel

Wortspeicher – Das ist in meinem Schulranzen (2)

Das ist in meinem Schulranzen.

das Sprachbuch

das Lesebuch

das Deutschheft

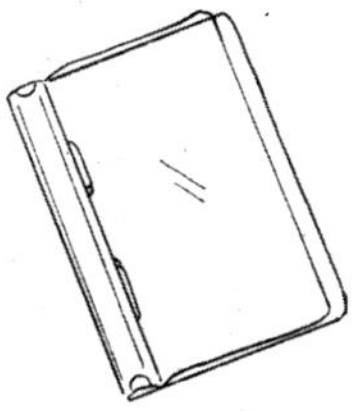

der Schnellhefter

das Hausaufgabenheft

die Schere

der Klebestift

Wortebene: Das ist in meinem Schulranzen

1. Verbinde passend.

der Turnbeutel

das Lesebuch

die Trinkflasche

das Hausaufgabenheft

die Brotdose

das Deutschheft

das Mathebuch

der Schnellhefter

2. Suche alle Wörter.

SCHULRANZEN, SCHERE, HAUSAUFGABENHEFT,
DEUTSCHHEFT, KLEBESTIFT

W	L	G	A	L	G	K	F	J	S	D	F	V	R	B	E	A	P	I	O
Y	E	V	R	X	T	Y	Z	S	C	H	U	L	R	A	N	Z	E	N	M
G	A	S	D	F	E	V	G	H	H	R	T	C	S	B	E	X	I	M	O
E	H	E	J	Y	K	L	E	B	E	S	T	I	F	T	N	U	O	E	W
Y	E	X	E	K	L	X	V	X	R	I	O	T	B	U	I	E	O	D	S
G	D	E	U	T	S	C	H	H	E	F	T	B	S	D	E	R	G	T	H
H	T	X	N	X	N	C	N	G	X	V	F	M	Z	I	T	R	P	O	L
H	A	U	S	A	U	F	G	A	B	E	N	H	E	F	T	C	A	J	K

Satzebene: Das ist in meinem Schulranzen

1. Verbinde passend.

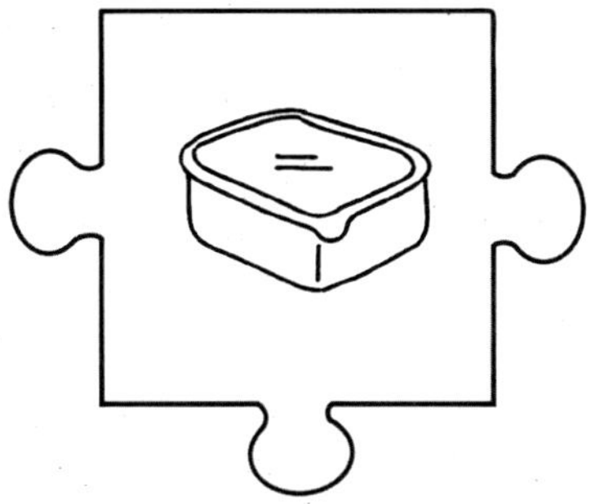

Das ist das Mathebuch.	Das ist die Brotdose.	Das ist der Turnbeutel.

2. Arbeite mit einem Partnerkind. Stellt euch gegenseitig Fragen.

Textebene: Das ist in meinem Schulranzen

1. Lies den Text. Umkreise im Bild.

Daria packt ihren Schulranzen. Sie nimmt das Federmäppchen und die Schere. Dann packt sie das Mathebuch und das Matheheft ein. Der Schnellhefter gehört auch in den Schulranzen. Hat Daria alle Sachen im Schulranzen? Nein, der Klebestift muss noch in den Schulranzen. Was hat Daria eingepackt?

2. Lies den Text. Male die passenden Dinge in das Bild.

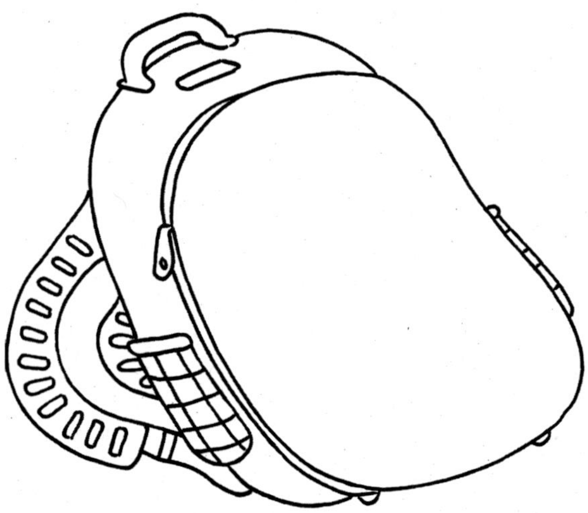

Das ist Henrys Schulranzen.
Im Schulranzen sind das Mathebuch und das Matheheft.
Der Schulranzen ist groß.
Darin liegen auch die Brotdose und die Trinkflasche.
Unten im Schulranzen ist der Klebestift.

Lösungen: Das ist in meinem Schulranzen

Wortebene: Das ist in meinem Schulranzen

1. Verbinde passend.

- der Turnbeutel
- das Lesebuch
- die Trinkflasche
- das Hausaufgabenheft
- die Brotdose
- das Deutschheft
- das Mathebuch
- der Schnellhefter

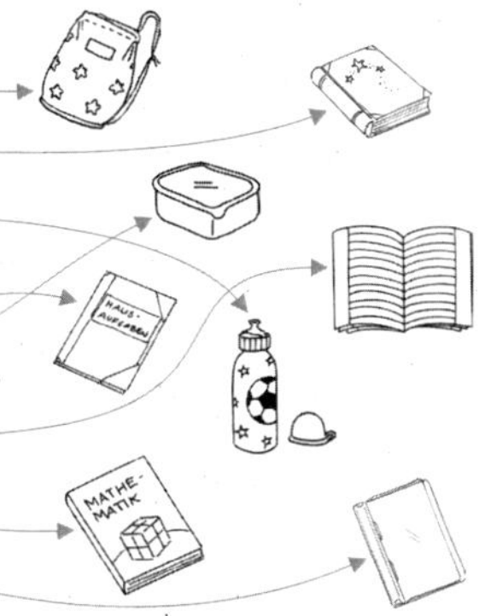

2. Suche alle Wörter.

SCHULRANZEN, SCHERE, HAUSAUFGABENHEFT, DEUTSCHHEFT, KLEBESTIFT

W	L	G	A	L	G	K	F	J	S	D	F	V	R	B	E	A	P	I	O
Y	E	V	R	X	T	Y	Z	S	C	H	U	L	R	A	N	Z	E	N	M
G	A	S	D	F	E	V	G	H	H	R	T	C	S	B	E	X	I	M	O
E	H	E	J	Y	K	L	E	B	E	S	T	I	F	T	N	U	O	E	W
Y	E	X	E	K	L	X	V	X	R	I	O	T	B	U	I	E	O	D	S
G	D	E	U	T	S	C	H	H	E	F	T	B	S	D	E	R	G	T	H
H	T	X	N	X	N	C	N	G	X	V	F	M	Z	I	T	R	P	O	L
H	A	U	S	A	U	F	G	A	B	E	N	H	E	F	T	C	A	J	K

Sybille Schreiber & Annika Koch: Themenheft DaZ – Meine Schule und ich

Satzebene: Das ist in meinem Schulranzen

1. Verbinde passend.

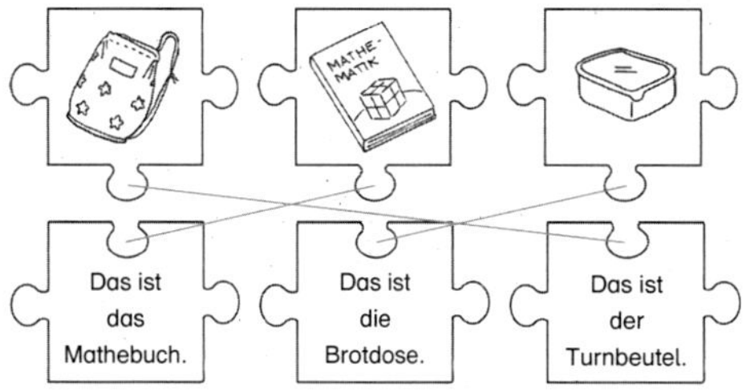

2. Arbeite mit einem Partnerkind. Stellt euch gegenseitig Fragen.

Sybille Schreiber & Annika Koch: Themenheft DaZ – Meine Schule und ich

Textebene: Das ist in meinem Schulranzen

1. Lies den Text. Umkreise im Bild.

Daria packt ihren Schulranzen. Sie nimmt das Federmäppchen und die Schere. Dann packt sie das Mathebuch und das Matheheft ein. Der Schnellhefter gehört auch in den Schulranzen. Hat Daria alle Sachen im Schulranzen? Nein, der Klebestift muss noch in den Schulranzen. Was hat Daria eingepackt?

2. Lies den Text. Male die passenden Dinge in das Bild.

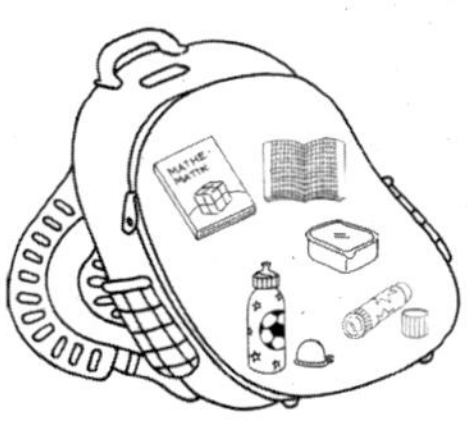

Das ist Henrys Schulranzen.
Im Schulranzen sind das Mathebuch und das Matheheft.
Der Schulranzen ist groß.
Darin liegen auch die Brotdose und die Trinkflasche.
Unten im Schulranzen ist der Klebestift.

Sybille Schreiber & Annika Koch: Themenheft DaZ – Meine Schule und ich

Wortspeicher – Das ist in meinem Mäppchen (1)

das Federmäppchen

der Bleistift

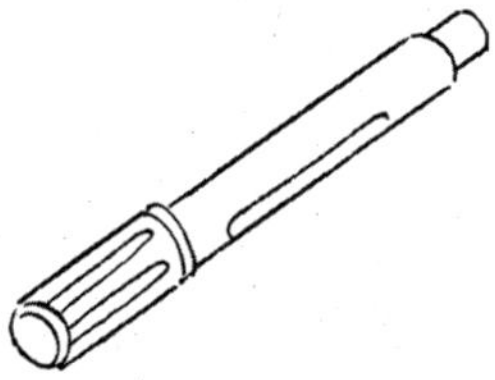

der Filzstift

der Buntstift

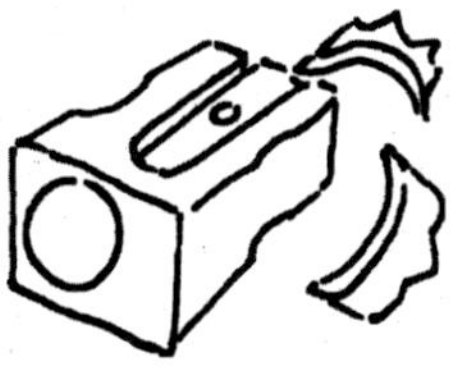

der Anspitzer

der Radiergummi

der Füller

die Tintenpatrone

Wortspeicher – Das ist in meinem Mäppchen (2)

Das ist in meinem Federmäppchen.

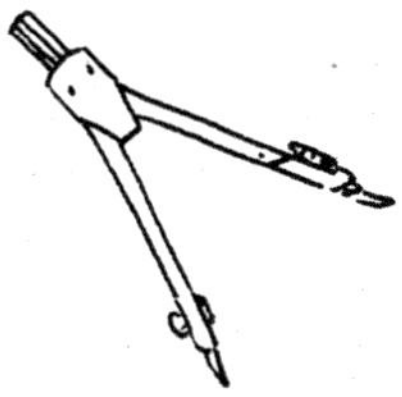

der Zirkel

der Kugelschreiber

die Schere

der Klebestift

das Lineal

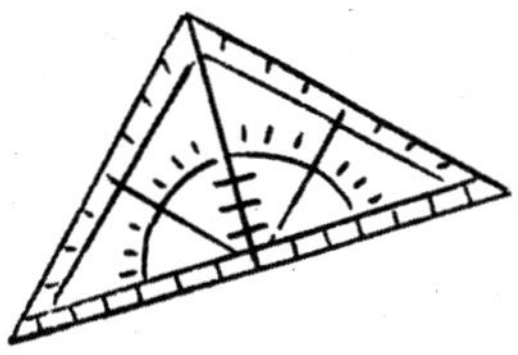

das Geodreieck

das Schlampermäppchen / das Etui

Wortspeicher – Farben

 weiß	 gelb
 orange	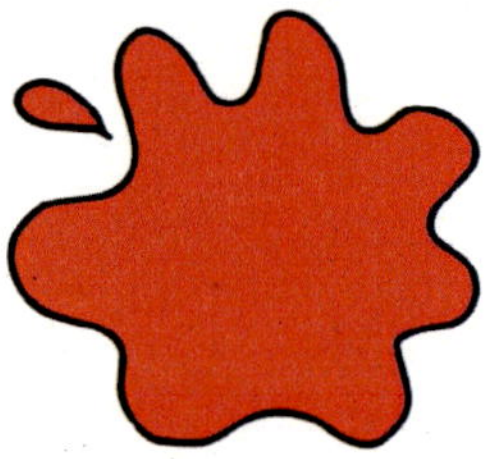 rot
 lila	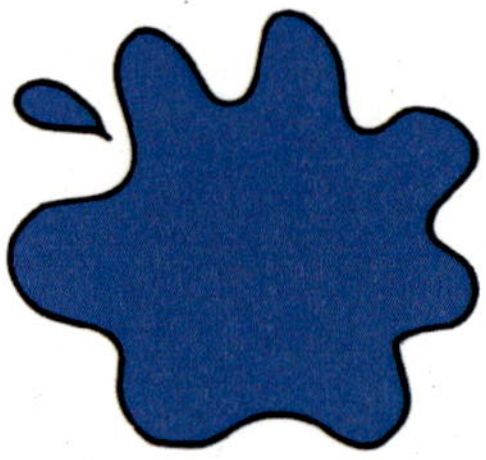 blau
 grün	 braun
 grau	 schwarz

Wortebene: Das ist in meinem Mäppchen

1. Schreibe die passenden Wörter auf.

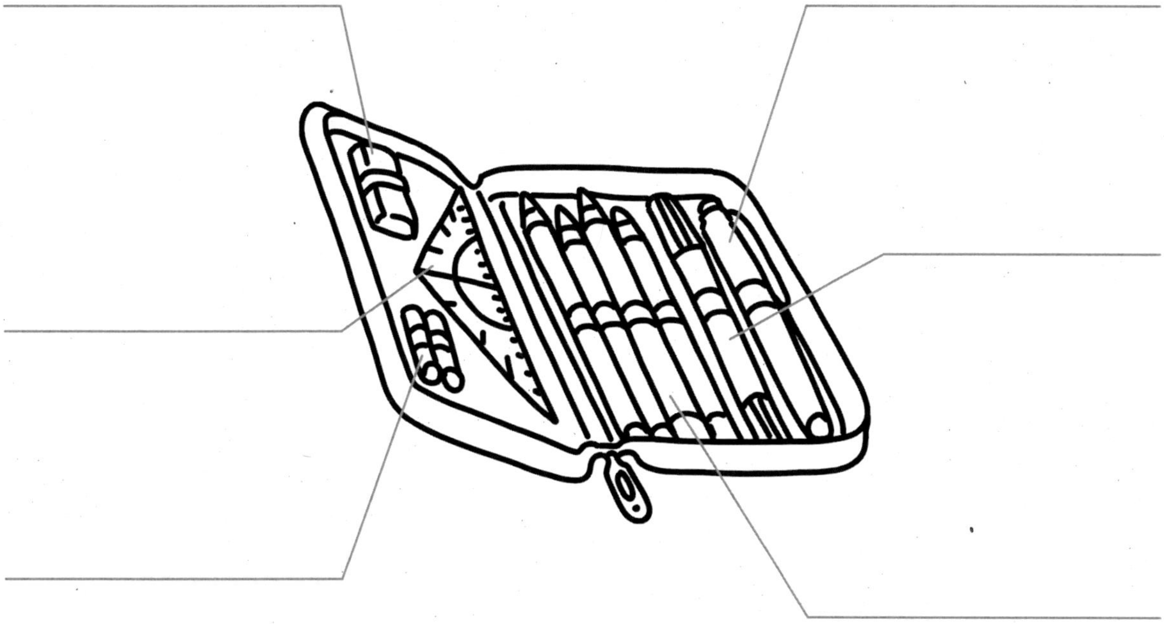

2. Welches Wort passt? Kreuze an.

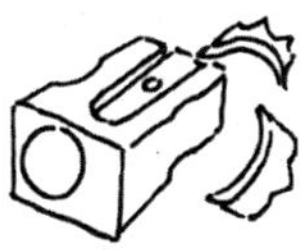	☐ das Lineal
	☐ der Anspitzer
	☐ die Schere

	☐ der Füller
	☐ der Buntstift
	☐ der Klebestift

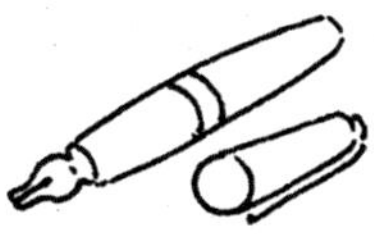	☐ der Filzstift
	☐ der Bleistift
	☐ der Füller

	☐ die Schere
	☐ der Anspitzer
	☐ der Bleistift

	☐ das Lineal
	☐ der Klebestift
	☐ der Radiergummi

	☐ der Klebestift
	☐ der Bleistift
	☐ der Radiergummi

Satzebene: Das ist in meinem Mäppchen

1. Male die passenden Dinge. 

	Das Federmäppchen ist grün.
	Der Buntstift ist lila.
	Die Schere ist rot.
	Der Füller ist blau.
	Der Zirkel ist schwarz.
	Der Filzstift ist gelb.

2. Arbeite mit einem Partnerkind. Stellt euch gegenseitig Fragen. 

Textebene: Das ist in meinem Mäppchen

1. Lies den Text. Male die passenden Dinge an.

Das Federmäppchen gehört Ayla. Sie mag Farben. Alle Dinge haben eine andere Farbe. Der Radiergummi ist rot. Die Tintenpatronen sind blau. Das Geodreieck ist gelb. Ayla hat 4 Buntstifte. Der linke Buntstift ist grün. Der Buntstift daneben ist orange. Dann kommt ein brauner Buntstift. Der rechte Buntstift ist lila. In dem Federmäppchen ist ein Filzstift. Der Filzstift ist grau. Der Füller daneben ist schwarz.

2. Lies den Text. Male die passenden Dinge in das Bild.

Auf dem Tisch liegen viele Dinge. Unter dem Bleistift liegt der Zirkel. Neben dem Etui liegt der Radiergummi. Dort liegen auch der Anspitzer und der Filzstift.

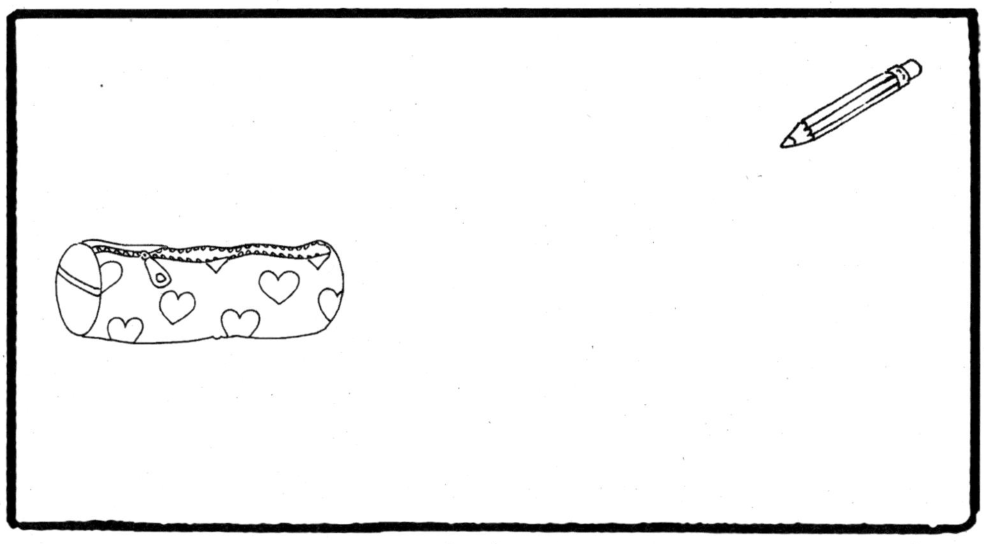

Lösungen: Das ist in meinem Mäppchen

Wortebene: Das ist in meinem Mäppchen

1. Schreibe die passenden Wörter auf.

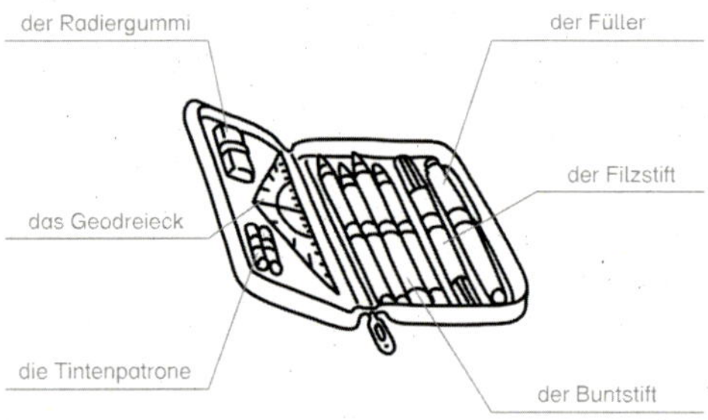

2. Welches Wort passt? Kreuze an.

☐ das Lineal ☒ der Anspitzer ☐ die Schere	☐ der Füller ☒ der Buntstift ☐ der Klebestift
☐ der Filzstift ☐ der Bleistift ☒ der Füller	☒ die Schere ☐ der Anspitzer ☐ der Bleistift
☒ das Lineal ☐ der Klebestift ☐ der Radiergummi	☐ der Klebestift ☒ der Bleistift ☐ der Radiergummi

Satzebene: Das ist in meinem Mäppchen

1. Male die passenden Dinge.

	Das Federmäppchen ist grün.
	Der Buntstift ist lila.
	Die Schere ist rot.
	Der Füller ist blau.
	Der Zirkel ist schwarz.
	Der Filzstift ist gelb.

2. Arbeite mit einem Partnerkind. Stellt euch gegenseitig Fragen.

Sybille Schreiber & Annika Koch: Themenheft DaZ – Meine Schule und ich
© Lernbiene Verlag

Textebene: Das ist in meinem Mäppchen

1. Lies den Text. Male die passenden Dinge an.

Das Federmäppchen gehört Ayla. Sie mag Farben. Alle Dinge haben eine andere Farbe. Der Radiergummi ist rot. Die Tintenpatronen sind blau. Das Geodreieck ist gelb. Ayla hat 4 Buntstifte. Der linke Buntstift ist grün. Der Buntstift daneben ist orange. Dann kommt ein brauner Buntstift. Der rechte Buntstift ist lila. In dem Federmäppchen ist ein Filzstift. Der Filzstift ist grau. Der Füller daneben ist schwarz.

2. Lies den Text. Male die passenden Dinge in das Bild.

Auf dem Tisch liegen viele Dinge. Unter dem Bleistift liegt der Zirkel. Neben dem Etui liegt der Radiergummi. Dort liegen auch der Anspitzer und der Filzstift.

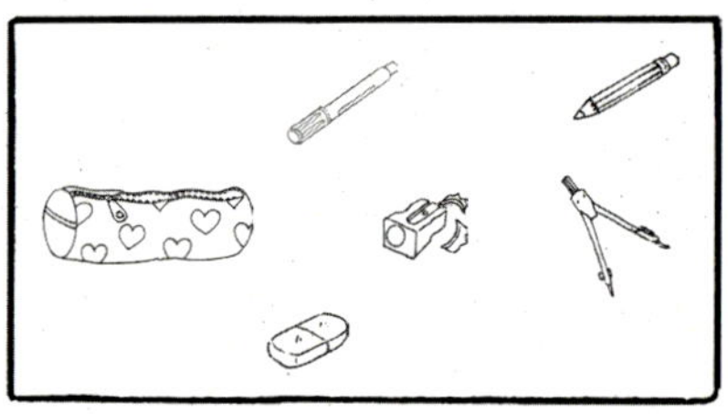

Sybille Schreiber & Annika Koch: Themenheft DaZ – Meine Schule und ich
© Lernbiene Verlag

Wortspeicher – Das machen wir in der Schule (1)

lesen

schreiben

sprechen

rechnen

zählen

helfen

melden

Wortspeicher – Das machen wir in der Schule (2)

schneiden

kleben

falten

malen

singen

essen

sitzen

stehen

Wortebene: Das machen wir in der Schule

1. Verbinde passend.

	melden
	rechnen
	lesen
	malen
	singen
	schreiben
	stehen
	sitzen

Satzebene: Das machen wir in der Schule

1. Schreibe die passenden Wörter auf.

Ayla, Nina und Kaya  ____________________ eine Geschichte.

Die Kinder  ____________________ die neuen Bücher.

Ali will die Perlen  ________________.

Max und Katja  __________________ miteinander.

2. Welches Wort passt? Kreuze an.

Sina muss malen.

richtig ☐ falsch ☐

Darek möchte Lisa helfen.

richtig ☐ falsch ☐

Marc muss rechnen.

richtig ☐ falsch ☐

Pia und Lynn essen.

richtig ☐ falsch ☐

Die Kinder melden sich.

richtig ☐ falsch ☐

Kim muss das Buch lesen.

richtig ☐ falsch ☐

Textebene: Das machen wir in der Schule

1. Lies den Text. Umkreise im Bild.

Das machen die Kinder in der Schule

In der Schule arbeiten die Kinder an unterschiedlichen Aufgaben.
Ein Schüler schreibt am Computer. Das macht ihm Spaß.
Zwei Kinder lesen ein Buch. Sie sitzen auf dem Sofa.
Vier Kinder malen. Zwei Kinder malen mit dem Farbkasten. Zwei andere Kinder stehen an der Tafel und malen.
Eine Schülerin sitzt am Tisch. Sie schreibt in das Deutschheft.
Die Lehrerin möchte ihr helfen.
Zwei Kinder sitzen auf dem Boden. Sie basteln und schneiden Formen aus. Das ist eine schöne Stunde in der Schule.

Lösungen: Das machen wir in der Schule

Wortebene: Das machen wir in der Schule

1. Verbinde passend.

melden
rechnen
lesen
malen
singen
schreiben
stehen
sitzen

Satzebene: Das machen wir in der Schule

1. Schreibe die passenden Wörter auf.

Ayla, Nina und Kaya schreiben eine Geschichte.
Die Kinder lesen die neuen Bücher.
Ali will die Perlen zählen.
Max und Katja sprechen miteinander.

2. Welches Wort passt? Kreuze an.

Sina muss malen.		Darek möchte Lisa helfen.	
richtig ☐	falsch ☒	richtig ☒	falsch ☐
Marc muss rechnen.		Pia und Lynn essen.	
richtig ☐	falsch ☒	richtig ☒	falsch ☐
Die Kinder melden sich.		Kim muss das Buch lesen.	
richtig ☒	falsch ☐	richtig ☐	falsch ☒

Textebene: Das machen wir in der Schule

1. Lies den Text. Umkreise im Bild.

Das machen die Kinder in der Schule

In der Schule arbeiten die Kinder an unterschiedlichen Aufgaben.
Ein Schüler schreibt am Computer. Das macht ihm Spaß.
Zwei Kinder lesen ein Buch. Sie sitzen auf dem Sofa.
Vier Kinder malen. Zwei Kinder malen mit dem Farbkasten. Zwei andere Kinder stehen an der Tafel und malen.
Eine Schülerin sitzt am Tisch. Sie schreibt in das Deutschheft.
Die Lehrerin möchte ihr helfen.
Zwei Kinder sitzen auf dem Boden. Sie basteln und schneiden Formen aus. Das ist eine schöne Stunde in der Schule.

Wortspeicher – Das lernen wir in der Schule (1)

Deutsch

Mathematik

Deutsch als Zweitsprache

Heimat- und Sachunterricht

Kunst

Musik

Wortspeicher – Das lernen wir in der Schule (2)

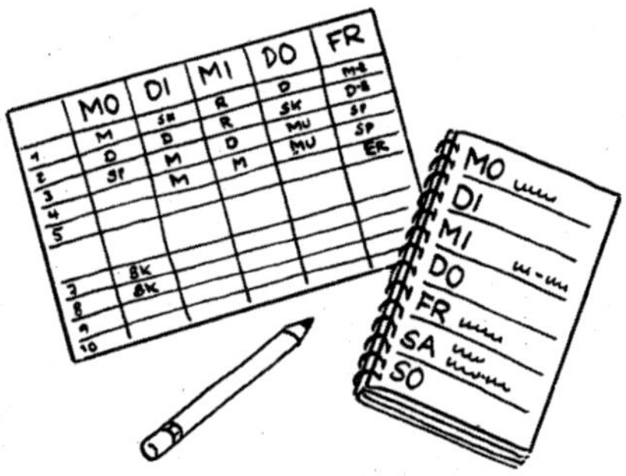

der Stundenplan

Religion / Ethik

Sport

Werken und Gestalten

Französisch

Englisch

Wortebene: Das lernen wir in der Schule

1. Verbinde passend.

Kunst

Deutsch als Zweitsprache

Religion / Ethik

Werken und Gestalten

Deutsch

	Montag	Dienstag	Mittwoch	Donnerstag	Freitag
1 2					
3 4					
5					

Musik

Englisch

Heimat- und Sachunterricht

Mathematik

Sport

2. Schreibe die passenden Wörter auf.

Satzebene: Das lernen wir in der Schule

1. Verbinde passend.

In der Schule lernen wir Mathematik.
In der Schule lernen wir Deutsch.
In der Schule lernen wir Englisch.
Am Montag haben wir Musik.
Am Dienstag haben wir Heimat- und Sachunterricht.
Am Mittwoch haben wir Sport.
Am Donnerstag haben wir Werken und Gestalten.
Am Freitag haben wir Ethik.

2. Schreibe die passenden Wörter auf.

Am Montag haben wir  ______________________.
Am Dienstag haben wir  ______________________.
Am Mittwoch haben wir  ______________________.
Am Donnerstag haben wir  ______________________.

Textebene: Das lernen wir in der Schule

1. Lies den Text. Schreibe die passenden Wörter auf.

	Montag	Dienstag	Mittwoch	Donnerstag	Freitag
1	Kunst				Mathematik
2	Kunst				Deutsch
3		Heimat- und Sachunterricht	Musik	Deutsch	
4	Mathematik	Heimat -und Sachunterricht	Musik	Deutsch	
5	Mathematik	Deutsch als Zweitsprache		Deutsch als Zweitsprache	Englisch

Das ist mein Stundenplan. Am Montag habe ich Kunst, Religion und Mathematik. Kunst mag ich sehr gerne. Ich kann gut malen.
Am Dienstag habe ich zuerst zwei Stunden Sport. Dann habe ich Heimat- und Sachunterricht. In der letzten Stunde habe ich Förderunterricht für Deutsch als Zweitsprache. Das ist immer lustig.
Am Mittwoch habe ich zuerst zwei Stunden Deutsch, dann Musik und Religion. Musik mag ich auch sehr gerne.
Der Donnerstag beginnt mit Mathematik und Englisch. Dann habe ich zwei Stunden Deutsch und Deutsch als Zweitsprache.
Am Freitag habe ich viele Fächer. Ich habe Mathematik und Deutsch. Dann habe ich zwei Stunden Werken und Gestalten. Am Ende habe ich noch eine Stunde Englisch.

2. Lies den Text. Unterstreiche die passenden Wörter.

In der Schule lernen wir Mathematik / Stifte. Am Montag haben wir Flur / Kunst. Am Dienstag haben wir Tafel / Heimat- und Sachunterricht. Am Mittwoch haben wir Musik. Am Dienstag und Donnerstag haben wir Deutsch als Zweitsprache / Pausenhalle.

Lösungen: Das lernen wir in der Schule

Wortebene: Das lernen wir in der Schule

1. Verbinde passend.

Religion / Ethik — Deutsch als Zweitsprache — Deutsch — Kunst — Werken und Gestalten

	Montag	Dienstag	Mittwoch	Donnerstag	Freitag
1					
2					
3					
4					
5					

Mathematik — Musik — Sport — Englisch — Heimat- und Sachunterricht

2. Schreibe die passenden Wörter auf.

	Französisch
	der Stundenplan
	Heimat- und Sachunterricht

Satzebene: Das lernen wir in der Schule

1. Verbinde passend.

- In der Schule lernen wir Mathematik.
- In der Schule lernen wir Deutsch.
- In der Schule lernen wir Englisch.
- Am Montag haben wir Musik.
- Am Dienstag haben wir Heimat- und Sachunterricht.
- Am Mittwoch haben wir Sport.
- Am Donnerstag haben wir Werken und Gestalten.
- Am Freitag haben wir Ethik.

2. Schreibe die passenden Wörter auf.

Am Montag haben wir Deutsch als Zweitsprache.

Am Dienstag haben wir Deutsch.

Am Mittwoch haben wir Sport.

Am Donnerstag haben wir Musik.

Textebene: Das lernen wir in der Schule

1. Lies den Text. Schreibe die passenden Wörter auf.

	Montag	Dienstag	Mittwoch	Donnerstag	Freitag
1	Kunst	Sport	Deutsch	Mathematik	Mathematik
2	Kunst	Sport	Deutsch	Englisch	Deutsch
3	Religion	Heimat- und Sachunterricht	Musik	Deutsch	Werken und Gestalten
4	Mathematik	Heimat -und Sachunterricht	Musik	Deutsch	Werken und Gestalten
5	Mathematik	Deutsch als Zweitsprache	Religion	Deutsch als Zweitsprache	Englisch

Das ist mein Stundenplan. Am Montag habe ich Kunst, Religion und Mathematik. Kunst mag ich sehr gerne. Ich kann gut malen.
Am Dienstag habe ich zuerst zwei Stunden Sport. Dann habe ich Heimat- und Sachunterricht. In der letzten Stunde habe ich Förderunterricht für Deutsch als Zweitsprache. Das ist immer lustig.
Am Mittwoch habe ich zuerst zwei Stunden Deutsch, dann Musik und Religion. Musik mag ich auch sehr gerne.
Der Donnerstag beginnt mit Mathematik und Englisch. Dann habe ich zwei Stunden Deutsch und Deutsch als Zweitsprache.
Am Freitag habe ich viele Fächer. Ich habe Mathematik und Deutsch. Dann habe ich zwei Stunden Werken und Gestalten. Am Ende habe ich noch eine Stunde Englisch.

2. Lies den Text. Unterstreiche die passenden Wörter.

In der Schule lernen wir Mathematik / Stifte. Am Montag haben wir Flur / Kunst. Am Dienstag haben wir Tafel / Heimat- und Sachunterricht. Am Mittwoch haben wir Musik. Am Dienstag und Donnerstag haben wir Deutsch als Zweitsprache / Pausenhalle.

Wortspeicher – In der Pause (1)

der Schulhof

die Wippe

der Pausengong

die Rutsche

die Schaukel

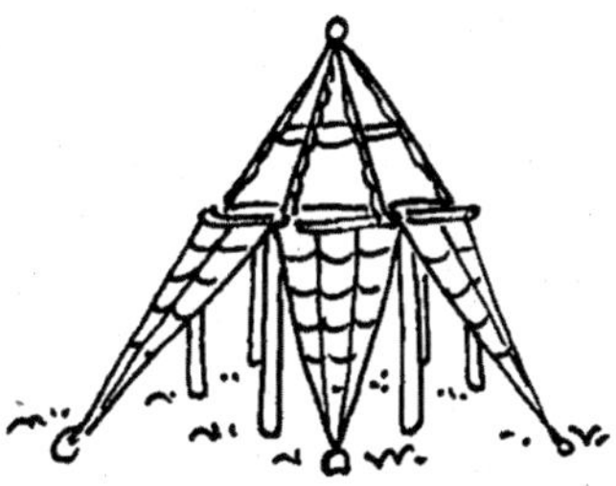

das Klettergerüst

das Spielhaus

Wortspeicher – In der Pause (2)

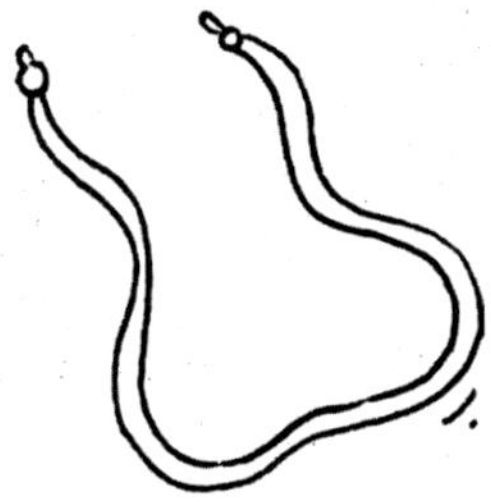

das Springseil

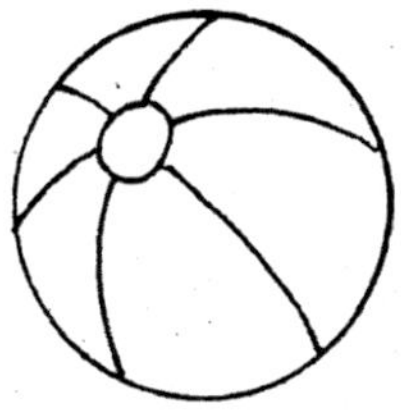

der Ball

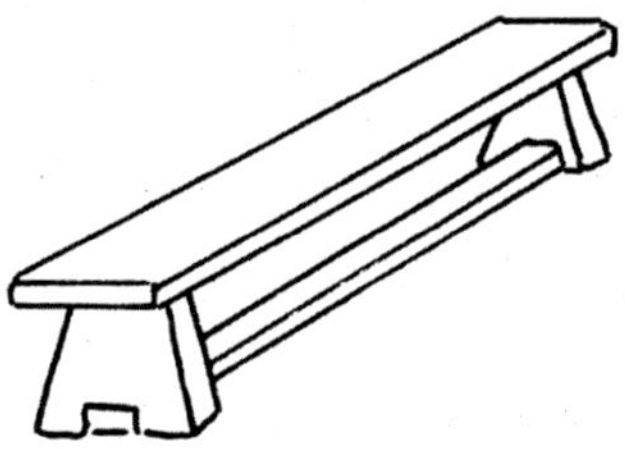

die Bank

der Baum

die Kinder

das Pausenbrot

Wortebene: In der Pause

1. Verbinde passend.

der Baum

das Klettergerüst

die Kinder

das Springseil

die Wippe

das Pausenbrot

der Ball

die Bank

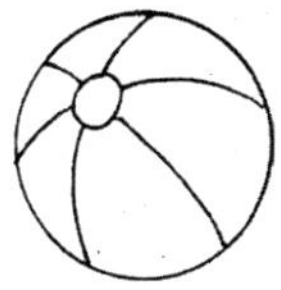

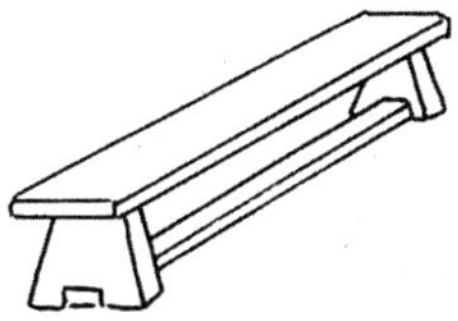

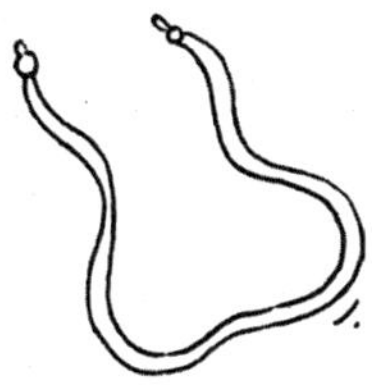

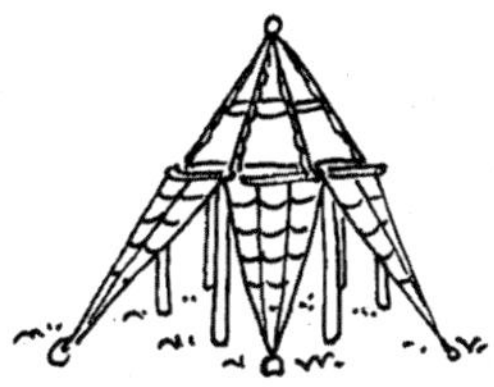

2. Schreibe die passenden Wörter auf.

Satzebene: In der Pause

1. Verbinde passend.

In der Pause spielen wir Ball.	
Ich mag das Springseil.	
Ich esse das Pausenbrot.	
Wir sitzen auf der Bank.	
Der Baum ist groß.	
Der Pausengong ist laut.	

2. Schreibe die passenden Wörter auf.

Das ist der  ______________________________.
Die  ______________ spielen mit dem 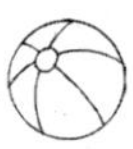 ______________.
Ich mag das  ______________________________.
Auf dem  ______________ ist die  ______________.

Textebene: In der Pause

1. Lies den Text. Male die passenden Dinge in das Bild.

In der Pause gehen wir auf den Schulhof.
In der Mitte ist das Klettergerüst.
Rechts daneben ist die Wippe.
Vor der Wippe liegen das Springseil und der Ball.
Ganz links steht die Schaukel. Alle Kinder mögen die Schaukel.
Hinten links steht der Baum. Der Baum ist groß.
Unter dem Baum steht die Bank. Dort ruhen wir uns aus.
Der Schulhof ist schön. Der Pausengong hängt rechts neben der Tür. Wenn es klingelt, gehen wir in die Schule zurück.

Lösungen: In der Pause

Wortebene: In der Pause

1. Verbinde passend.

- der Baum
- das Klettergerüst
- die Kinder
- das Springseil
- die Wippe
- das Pausenbrot
- der Ball
- die Bank

2. Schreibe die passenden Wörter auf.

Satzebene: In der Pause

1. Verbinde passend.

In der Pause spielen wir Ball.
Ich mag das Springseil.
Ich esse das Pausenbrot.
Wir sitzen auf der Bank.
Der Baum ist groβ.
Der Pausengong ist laut.

2. Schreibe die passenden Wörter auf.

Das ist der Pausenhof.
Die Kinder spielen mit dem Ball.
Ich mag das Klettergerüst.
Auf dem Pausenhof ist die Wippe.

Textebene: In der Pause

1. Lies den Text. Male die passenden Dinge in das Bild.

In der Pause gehen wir auf den Schulhof.
In der Mitte ist das Klettergerüst.
Rechts daneben ist die Wippe.
Vor der Wippe liegen das Springseil und der Ball.
Ganz links steht die Schaukel. Alle Kinder mögen die Schaukel.
Hinten links steht der Baum. Der Baum ist groβ.
Unter dem Baum steht die Bank. Dort ruhen wir uns aus.
Der Schulhof ist schön. Der Pausengong hängt rechts neben der Tür. Wenn es klingelt, gehen wir in die Schule zurück.

Wortspeicher – Das ist meine Schule (1)

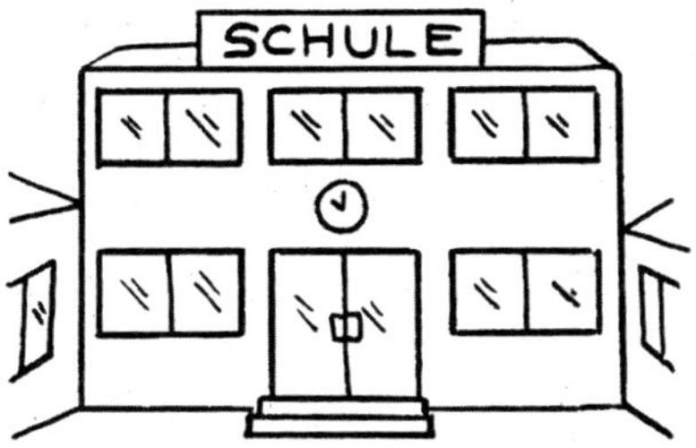

das Schulhaus

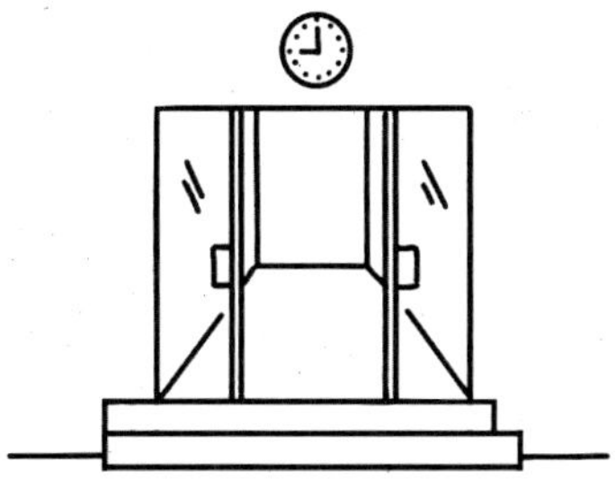

der Eingang

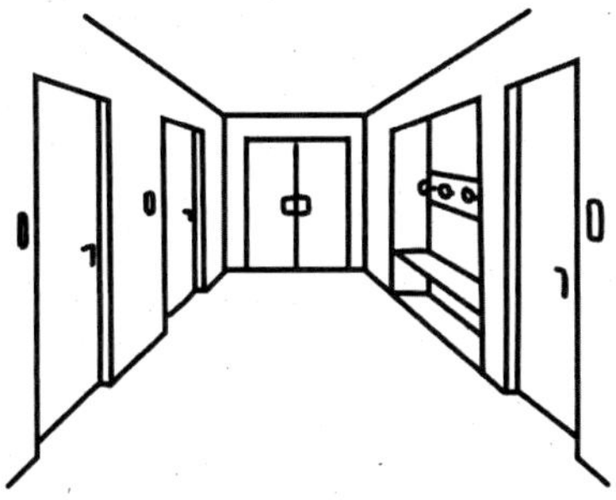

der Flur

das Klassenzimmer

das Sekretariat

das Lehrerzimmer

die Sporthalle

der Schulhof

Wortspeicher – Das ist meine Schule (2)

 die Garderobe	 der Hausmeisterraum
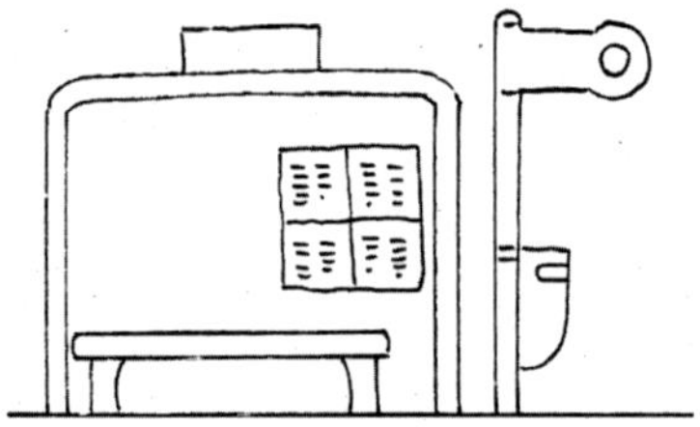 die Bushaltestelle	 der Fahrradständer
 die Bücherei	 die Pausenhalle
 die Toilette	 der Feuerlöscher

Wortebene: Das ist meine Schule

1. Welches Wort passt? Kreuze an.

	☐ das Lehrerzimmer
	☐ der Flur
	☐ die Toilette

	☐ das Klassenzimmer
	☐ der Schulhof
	☐ der Feuerlöscher

	☐ der Hausmeisterraum
	☐ die Garderobe
	☐ die Pausenhalle

	☐ das Sekretariat
	☐ der Fahrradständer
	☐ das Schulhaus

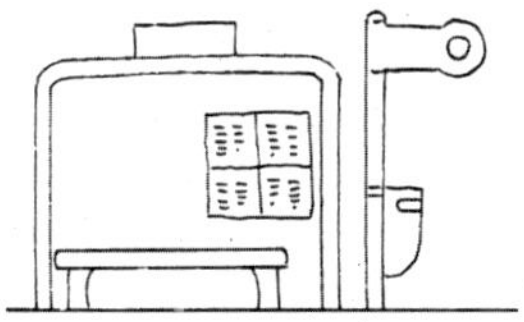	☐ die Bushaltestelle
	☐ die Sporthalle
	☐ die Bücherei

2. Schreibe die passenden Wörter auf.

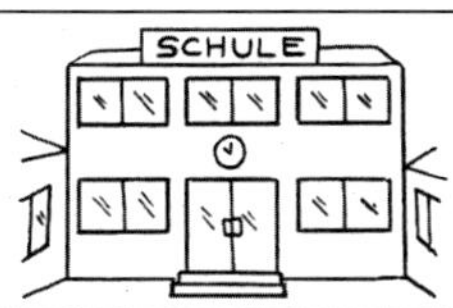	

Satzebene: Das ist meine Schule

1. Schreibe die passenden Wörter auf.

Da ist der  ______________________________.
Da ist das  ______________________________.
Da ist die  ______________________________.
Da ist die  ______________________________.

2. Verbinde passend.

Das ist der Eingang.

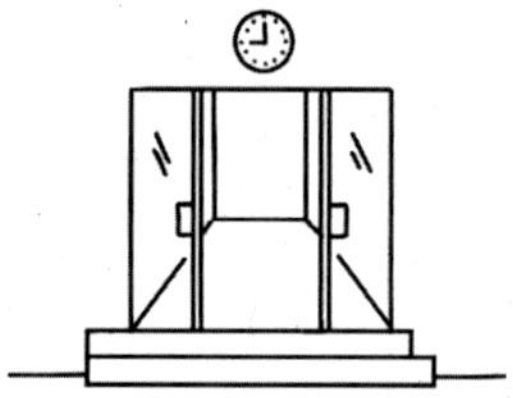

Das ist die Bücherei.

Das ist die Bushaltestelle.

Das ist das Sekretariat.

Das ist der Feuerlöscher.

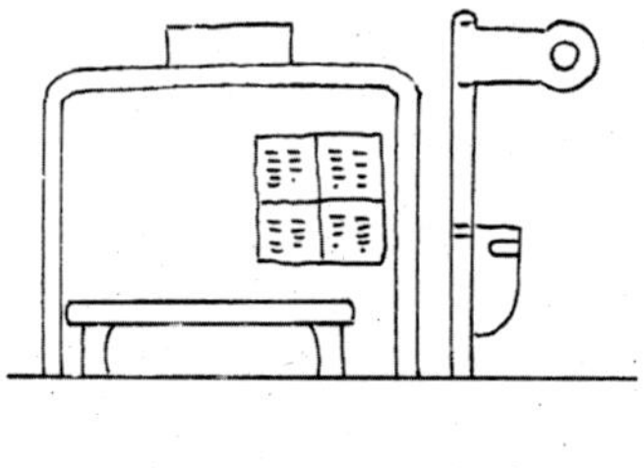

Das ist der Hausmeisterraum.

Textebene: Das ist meine Schule

1. Lies den Text. Schreibe die passenden Wörter.

Heute zeige ich dir meine Schule. Ich gehe gern in das Schulhaus.
Der Eingang ist groß.
Hinter dem Eingang ist die Pausenhalle. Dort spiele ich gern mit Freunden.
Hinter der Pausenhalle ist der große Flur. Dort ist das Lehrerzimmer.
Gegenüber sind der Hausmeisterraum und das Sekretariat.
Der Flur geht noch weiter. Dort ist die Sporthalle. Sport macht mir Spaß.
Es gibt viele Klassenzimmer.
Am Ende vom Flur sind die Toilette und die Bücherei.

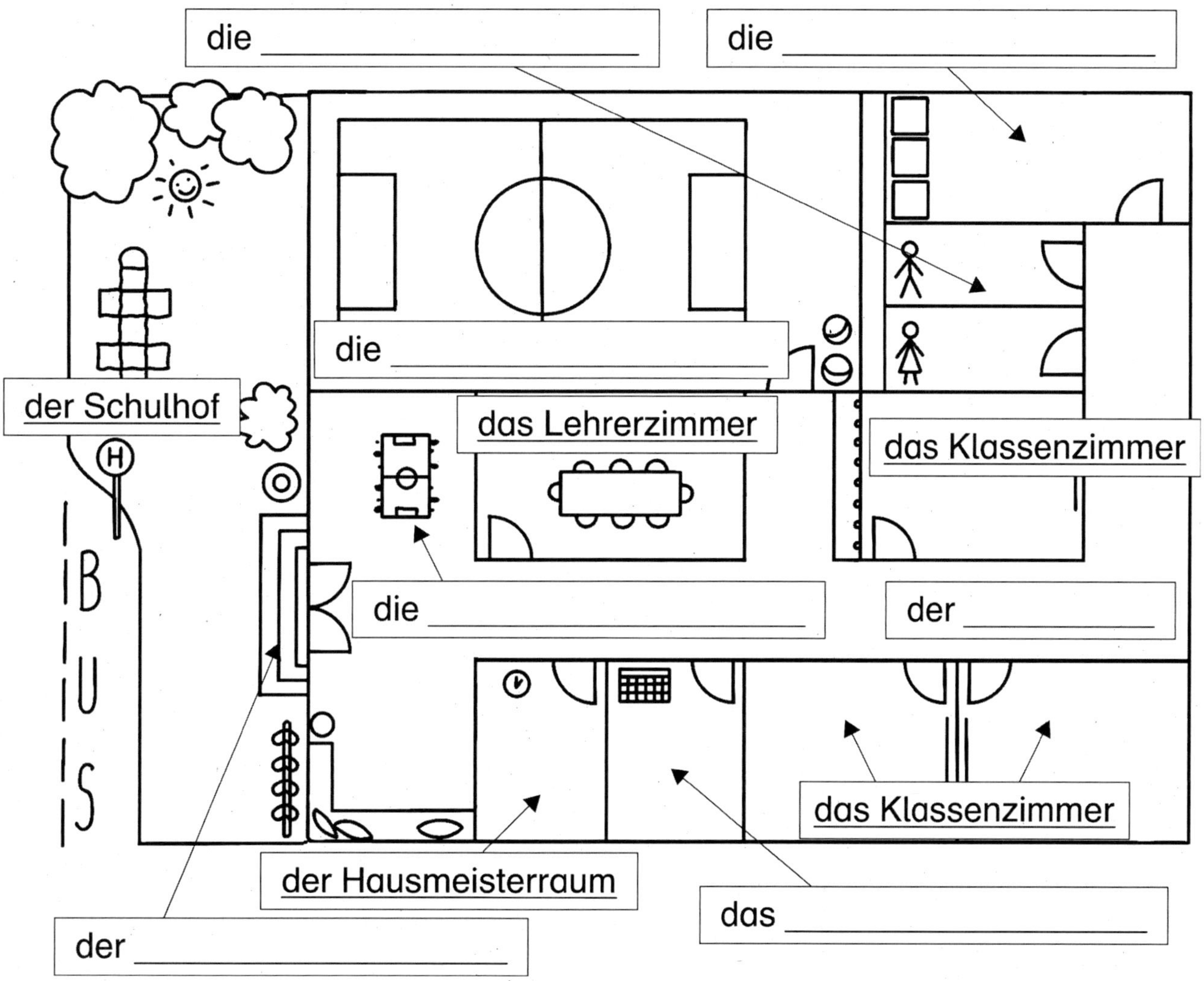

Lösungen: Das ist meine Schule

Wortebene: Das ist meine Schule

1. Welches Wort passt? Kreuze an.

Bild	Wörter
	☐ das Lehrerzimmer ☐ der Flur ☒ die Toilette
	☒ das Klassenzimmer ☐ der Schulhof ☐ der Feuerlöscher
	☐ der Hausmeisterraum ☒ die Garderobe ☐ die Pausenhalle
	☒ das Sekretariat ☐ der Fahrradständer ☐ das Schulhaus
	☒ die Bushaltestelle ☐ die Sporthalle ☐ die Bücherei

2. Schreibe die passenden Wörter auf.

Bild	Wort
	das Lehrerzimmer
	die Pausenhalle
	das Schulhaus

Satzebene: Das ist meine Schule

1. Schreibe die passenden Wörter auf.

Da ist der Schulhof.
Da ist das Klassenzimmer.
Da ist die Toilette.
Da ist die Sporthalle.

2. Verbinde passend.

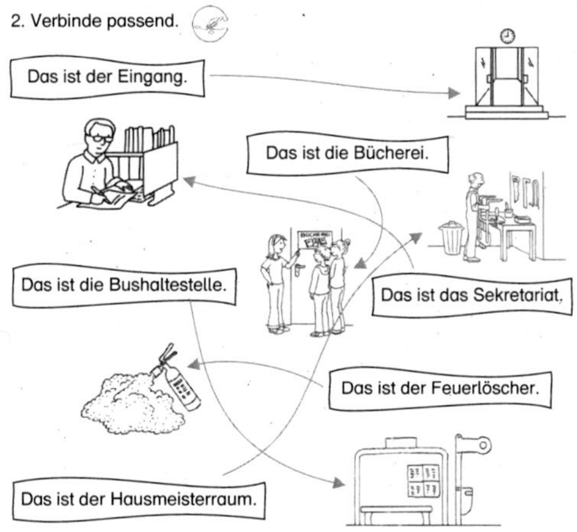

Textebene: Das ist meine Schule

1. Lies den Text. Schreibe die passenden Wörter.

Heute zeige ich dir meine Schule. Ich gehe gern in das Schulhaus.
Der Eingang ist groß.
Hinter dem Eingang ist die Pausenhalle. Dort spiele ich gern mit Freunden.
Hinter der Pausenhalle ist der große Flur. Dort ist das Lehrerzimmer.
Gegenüber sind der Hausmeisterraum und das Sekretariat.
Der Flur geht noch weiter. Dort ist die Sporthalle. Sport macht mir Spaß.
Es gibt viele Klassenzimmer.
Am Ende vom Flur sind die Toilette und die Bücherei.

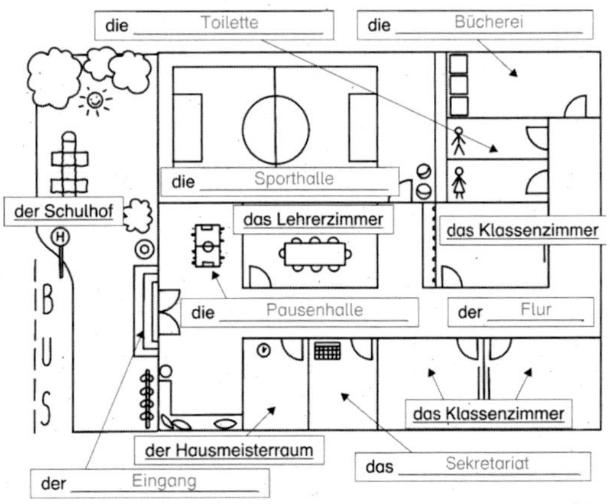